AF509382

NOUVELLE
MÉTHODE
DE
DISTILLATION,
A LA PIERRE,

Par Joseph et Prosper FABRE,
Fabricans d'Eau-de-vie, à Montauban, brevetés
de S. M. Louis XVIII.

A BEZIERS,

DE L'IMPRIMERIE DE J.-J. FUZIER.

Se vend chez PAGEOT, Libraire.

1817.

NOUVELLE MÉTHODE

DE

DISTILLATION, A LA PIERRE;

Par JOSEPH et PROSPER FABRE,
Fabricans d'Eau-de-vie, à Montauban,
brevetés de S. M. LOUIS XVIII.

TOUS les Chimistes, sans aucune exception, et toutes les personnes qui ont quelques connoissances dans l'art de la distillation, ont reconnu les dangers des usines, en cuivre, employées pour la fabrication des Eaux-de-vie. Ces dangers ont excité la recherche de plusieurs savans; et pour les prévenir, du moins en partie, les uns ont proposé l'étamage du cuivre; d'autres de mêler aux matières soumises à la distillation, des alcalis pour saturer les acides, et diminuer par ce moyen l'occidation du cuivre; mais il est reconnu que plusieurs des pièces qui servent aux usines distillatoires, telles que les serpentines et les tuyaux accessoires, ne peuvent être étamés

puisqu'ils doivent être soudés à la soudure forte,
et que l'addition de la craie ou de toute autre
substance analogue, ne produiroit qu'un foible
remède aux dangers si évidemment reconnus.
Que restoit-il donc à faire pour les prévenir ?
La question est facile à résoudre. Il falloit pros-
crire le cuivre dans les appareils distillatoires; mais
qu'est-ce qu'on doit y substituer ? Voilà ce qui
paroîtra encore bien facile, lorsqu'on saura que
nous avons résolu le problême par une idée heureuse et des expériences toujours coûteuses pour
celui qui les entreprend le premier. Cette idée
est tout simplement de former des alambics distillatoires de fer de fonte et de pierres, et les
serpentines et autres tuyaux accessoires, en étain :
la réussite de ces alambics est complette, et elle
a surpassé notre attente par les avantages qui
en sont résultés, et que tous ceux qui en auront
connoissance sauront apprécier. Ces avantages
consistent principalement : 1°. dans une économie
dans la construction, puisque le fer de fonte et
la pierre coûtent beaucoup moins que le cuivre.

2°. Dans une plus grande durée, attendu que
celle du fer de fonte est bien plus longue que
celle du cuivre.

3°. Dans une bonification sensible dans les
produits de la distillation: ce dernier avantage

est le plus essentiel et il sera apprécié ; non seulement par ceux qui connoissent la distillation ; mais encore par toutes les personnes qui ont vu combien de vert-de-gris forme le cuivre qui sert aux appareils distillatoires. Mais comme notre autorité, sur cette matière, seroit bien foible, comparativement à celle de tous les savans qui ont démontré les dangers du cuivre ; que d'ailleurs nous faisons ici l'aveu de nos peu de connoissances en chimie ; que nous ne sommes que des distillateurs praticiens, et que notre idée des chaudières en fer de fonte et en pierre est plus heureuse que savante ; nous nous bornerons à citer, ici, quelques assertions des chimistes les plus distingués, et surtout de celles prises dans l'excellent ouvrage qui vient de paroître de M. Le Normand, sur l'art du distillateur.

Il nous suffira de citer quelques extraits de cet ouvrage, pour convaincre de l'utilité et des avantages de nos chaudières en fer de fonte et en pierre.

M. Le Normand dit, au mot *Empyreume* :

» C'est l'odeur détestable que prennent les » liqueurs alcoholiques que l'on distille. Les subs- » tances mucilagineuses que contiennent les ma- » tières soumises à la distillation, reçoivent plus » de chaleur que les substances liquides ; cette

» augmentation de calorique en extrait de l'huile
» qui se combine avec l'éther acétique, produit
» pendant l'opération, et forme un composé qui
» attaque le cuivre, le corrode et se charge de
» l'oxide de ce métal vénéneux : l'empyreume
» est par conséquent un produit quadruple,
» composé d'acide acétique d'éther, d'huile et
» d'oxide de cuivre, qui, dissous dans l'alcohol,
» rend cette liqueur *mortelle* ».

Dans le vocabulaire du livre de M. Le Normand, il dit au mot *Délétère*, c'est-à-dire, qui cause la mort : » Nous soutenons que toutes
» les eaux-de-vie, qui ont le goût d'empyreume,
» portent avec elles des qualités délétères, et
» que par cette raison on doit s'abstenir d'en
» boire.

» *Eau-de-mort*, nous appelons ainsi l'eau ardente
» qui est infectée du goût d'empyreume, parce
» qu'elle renferme un véritable poison : il importe
» donc infiniment de chercher à débarasser les
» liqueurs de ce goût détestable ».

M. Le Normand dit encore, en parlant de la fabrication des eaux-de-vie de marc de raisin, graines céréales, pommes de terre, etc., etc., tome I page 434 et suivantes : » Étudions actuel-
» lement quelle est la nature des produits que
» donnent les parties muqueuses dont nous venons

» de parler, et nous connoîtrons bientôt quelles
» sont les substances qui communiquent aux
» esprits un double goût d'empyreume et de
» brûlé ; qui, réunis, leur transmettent, non
» seulement un goût détestable ; mais la qualité
» délétère et mortelle que nous leur reprochons.

» Les progrès étonnans que la chimie a faits,
» depuis l'instant où l'immortel Lavoisier, notre
» professeur et notre ami , sentit combien il
» importoit à la perfection des connoissances
» humaines, de donner une marche nouvelle à
» cette science utile à tous les hommes, ont
» fourni les moyens de déchirer le voile épais
» qui couvroit les produits qu'on avoit obtenus
» jusqu'alors par son secours. Il est reconnu
» aujourd'hui que toute substance en fermenta-
» tion , dans laquelle se trouvent des parties
» mucilagineuses, dégage plus ou moins d'acide
» acétique, selon que la présence de ces subs-
» tances y existe en plus ou moins grande quantité:
» dans la distillation qui suit cette fermentation ,
» une partie de l'alcohol qui se dégage s'unit
» avec cet acide, et forme avec lui de l'éther
» dont le goût est âcre et dégoûtant. L'acide
» acétique, dégagé dans la fermentation , com-
» mence à agir sur les parois de l'alambic qu'il
» corrode, pour former avec lui du vert-de-gris »

» et par la distillation, formant, ainsi que nous
» l'avons fait connoître plus haut, avec l'alcohol,
» de l'éther acétique, il donne un composé triple
» qui ronge, détruit, cautérise.

» Cet éther acétique, ainsi chargé de vert-
» de-gris, se trouve mélangé avec l'alcohol, dans
» la distillation même, et porte dans le corps
» de ceux qui font usage de ces eaux-de-vie,
» un principe de mort, qui est d'autant plus
» cruel qu'il est moins soupçonné ; d'autant plus
» actif qu'il agit continuellement sur les princi-
» paux viscères, sans qu'on mette aucun obstacle
» à ses pernicieux effets.

» Cette qualité délétère fut tellement reconnue
» autrefois, qu'on proscrivoit des hôpitaux toute
» eau-de-vie qui provenoit d'autres substances,
» que du vin proprement dit. On s'étoit apperçu
» que, même à l'extérieur, elles creusoient et
» envenimoient les plaies qui en étoient lavées.
» On n'en souffroit l'entrée à Paris, que lors-
» qu'elles étoient dénaturées au point qu'elles ne
» pussent plus servir que pour des vernis. Les
» gens du peuple, qui cherchent toujours pour
» leur consommation les choses qui coûtent le moins
» cher, sont plus exposés aux pernicieux effets de
» ces liqueurs, que les gens riches qui achettent
» toujours le meilleur et ne tiennent jamais au prix.

» Ces eaux-de-vie que l'on nommeroit avec
» plus juste raison *eau-de-mort*, sont aisées à
» reconnoître, par le goût d'empyreume qu'elles
» exhalent. Les distillateurs de ces substances
» sont aussi coupables que ce Tyran qui envoyoit
» à ses victimes la ciguë dans un vase d'or : le
» malheureux qui s'adonne à cette boisson ne
» tarde pas à succomber ; il languit quelque
» temps, perd successivement ses facultés, et
» termine une misérable vie dans les convulsions
» et les douleurs les plus cruelles.

 » Nous pourrions citer une foule de faits qui
» attesteroient les ravages affreux, les maladies
» cruelles, que l'usage de cette liqueur a pro-
» duits, et que l'on a souvent attribués à d'autres
» causes ; mais nous ne ferions que répéter ce
» que des auteurs célèbres ont dit avant nous.
» Le Gouvernement, sans doute, jettera un œil
» paternel sur la confection de ces liqueurs
» mortelles, et proscrira toute fabrication qui ne
» seroit pas conduite avec toutes les précautions
» nécessaires pour empêcher que les produits
» de la distillation ne contiennent les principes
» de destruction dont nous venons de parler.

 » Avant que l'on connût les véritables produits
» de la distillation qui procurent le goût d'empy-
» reume, l'on présuma avec raison, que ce sont

» les substances mucilagineuses qui se trouvent
» dans le liquide, qui, contractant ce goût de
» brûlé, le communiquent aux esprits. Ces subs-
» tances contractent ce goût, disoit-on, puis-
» qu'elles s'accumulent sur le fonds de la chaudière,
» y reçoivent une chaleur plus élevée que celle
» qui est nécessaire pour donner l'ébulition au
» liquide, s'y torréfient, et dégagent beaucoup
» d'huile essentielle, qui, se combinant avec
» l'alcohol, par le moyen du calorique, devient
» empyreumatique. Voilà où en étoit la science :
» on avoit entrevu la vérité ; mais on manquoit
» de moyens pour la saisir ; on ne connoissoit
» pas les véritables causes immédiates.

» Cette huile s'élevant avec l'esprit ardent,
» l'aide puissamment à corroder le cuivre de
» l'alambic ; de là vient qu'un de ces alambics,
» en repos, paroît tout vert dans son intérieur ;
» que les parties supérieures, le dôme et le
» chapiteau s'amincissent, et qu'alors, vus à
» travers le jour, ils sont criblés de petits trous ;
» de là vient enfin qu'il faut du cuivre épais
» pour les serpentins, parce que le filet d'eau-
» de-vie y creuse son chemin et forme une rigole.
» Qu'on ne croie point que nous avons cherché
» à rembrunir les couleurs du tableau ; ce que
» nous venons de dire n'est malheureusement que

» trop vrai, on le voit dans toutes les distil-
» leries de vin ; et pour s'en convaincre, on
» n'a qu'à observer avec quelque attention les
» secondes eaux, qu'on nomme repasses et qui
» sont troubles, parce qu'elles contiennent beau-
» coup d'huile que l'esprit ardent délayé d'eau
» ne peut dissoudre, elle est alors visible.

» Cette repasse se joint au vin de la distil-
» lation suivante, et augmente ainsi l'acreté de
» l'eau-de-vie.

» Les résultats sont bien pires dans les brûleries
» où l'on distille les résidus de la vendange,
» les marcs et les lies de vins : on connoît assez
» généralement l'infériorité de ces eaux-de-vie ;
» le prix en est médiocre, quoique la consom-
» mation en soit très-grande ; mais on n'en juge
» que par le goût, et l'on ne pense point aux
» ravages qu'elles font chez le peuple qui en use
» habituellement. Les eaux-de-vie de grains sont
» encore bien plus défectueuses, elles sont im-
» potables, elles empoisonnent la bouche par
» le goût de fumée et de brûlé, dû à la torré-
» faction de la fécule de la bierre qu'on distille
» immédiatement après la fermentation tumul-
» tueuse, et qui n'a pas eu le temps de déposer
» sa lie ; c'est là qu'on reconnoît l'acreté de
» l'huile essentiellement grossière, devenue empy-

» reumatique par le feu. Ces eaux-de-vie de
» première fabrique sont achetées par des distil-
» lateurs qui les distillent de nouveau , et les
» redistillent avec des sels , des alcalis, de toutes
» les manières ; ils ne peuvent les débarrasser de
» cette âcreté, de ce goût de fumée ; ils ne font
» que l'affoiblir , et finissent par y infuser du
» genièvre , pour les masquer et les rendre
» buvables.

» C'est à cette huile essentielle et grossière
» de vin, que sont dus les effets pernicieux de
» ces eaux-de-vie. Le marc de raisin, les pepins
» surtout en fournissent si abondamment, qu'on
» l'extrait en grand et avec bénéfice , dans le
» ci-devant Comtat Venaissin , dans le dépar-
» tement du Tarn , et dans plusieurs autres lieux ;
» cette huile est excellente pour les vernis ; elle
» dissout parfaitement l'ambre et le copal. Les
» lies du vin en fournissent pour le moins autant,
» raison pour laquelle elles sont grasses et onc-
» tueuses au toucher.

» Dans la méthode ordinaire et généralement
» adoptée de les distiller , ces marcs et ces lies
» se mettent en nature dans l'alambic : l'épais
» gagne le fonds, s'y applique, et empêche le
» contact de ce fonds avec le liquide ; la chaleur
» s'y accumule donc fort au delà de l'ébulition

» qu'il faut communiquer à la masse à force de
» feu ; la couche épaisse se brûle, l'huile torré-
» fiée s'élève en abondance et se combine avec
» l'alcohol ; la voilà devenue caustique, empy-
» reumatique. Dans cet état, elle est plus que
» puissante pour corroder le cuivre de l'alambic,
» si facile à dissoudre.

» Nous allons en citer un exemple frappant ; et
» pour cela, nous transcrirons les propres paroles
» d'Ami Argand, qui sont du plus grand poids
» dans la matière que nous traitons. Me trouvant,
» dit-il, dans un village de la ci-devant Bour-
» gogne, où l'on distilloit des marcs et des lies
» de vin, je visitai l'alambic, et le trouvai,
» comme à l'ordinaire, intérieurement dévoré
» par le vert-de-gris ; j'en expliquai la cause
» au distillateur ; il me répondit : pour vous
» prouver combien vous me dites vrai, je vais
» vous montrer une bouteille de cette huile,
» que j'ai recueillie dans mon alambic ; elle
» étoit, en effet, pleine d'une huile absolument
» verte, comme la peinture au verdet, et d'une
» odeur insupportable : je l'ai gardée long-temps
» pour curiosité, et j'ai bien du regret de ne
» l'avoir plus. Une seule goutte, même très-
» petite, de cette huile, prise à la pointe d'une
» épingle, et mise sur la langue, la cautérisoit,

» et laissoit dans la bouche un goût détestable
» d'ivrogne , que de fréquens lavages avoient
» peine à déloger. Telle est cependant la boisson
» journalière du peuple, de tous les ouvriers et
» gens de peine , dans les pays où le vin est
» trop cher pour être distillé ; mais c'est dans
» les manufactures , où l'ouvrier se débauche
» aisément , qu'on voit , d'une manière plus
» frappante , les ravages de ces eaux-de-vie ;
» dans les verreries surtout , où leurs effets se
» joignent à l'action extérieure du feu , une
» maigreur singulière , un teint pâle, mêlé de
» vert, une odeur fétide, annoncent, à ne pas
» s'y méprendre , et distinguent des autres le
» malheureux qui , s'adonnant à ce breuvage,
» ne tarde pas à succomber , après avoir langui
» et perdu successivement ses facultés.

» Ce tableau est , sans doute, effrayant, mais
» il n'est pas outré. *etc. etc.*

Résumé de l'opinion de MM. Broussonnet , professeur
de la faculté de médecine ; Rey et Figuier , pro-
fesseurs de l'école de pharmacie ; et Joyeuse , ancien
démonstrateur de chimie à l'université de médecine
de Montpellier ; sur les appareils distillatoires ,
dits à la Adam , sous la date du 9 juillet 1808.

» Lorsqu'on examine le jeu de l'appareil-Adam,
on s'aperçoit qu'il n'a pu être inventé que dans

des temps extraordinaires, où la grande consommation des eaux-de-vie dans le nord et une guerre maritime ont rendu la fabrication des esprits très-lucrative dans le Languedoc. Ce liquide, transporté à meilleur marché, est mêlé avec de l'eau dans les pays éloignés, où il doit être bu; et c'est ainsi que l'on fait une eau-de-vie artificielle, qui n'a pas les bonnes qualités de la véritable, mais qui en possède de funestes pour la santé des consommateurs. Aussi, ne craignons-nous pas d'avancer qu'à cette époque, où la paix aura été rendue à l'Europe, l'énorme et dispendieux appareil d'Adam disparoîtra avec les funestes circonstances qui les firent naître, et la description de cette machine ou son modèle, déposés dans les cabinets des curieux, y seront conservés à peu près comme les billets de banque ou les assignats ».

D'après des citations aussi positives, et dont l'autorité ne sera contestée de personne, nous croirions superflues celles que nous pourrions transcrire ici; et nous ne doutons nullement que ceux qui seront intéressés à perfectionner la qualité des objets soumis à la distillation, ne s'empressent à faire usage des chaudières de notre invention, pour lesquelles nous avons obtenu de Sa Majesté un Brevet d'invention de dix années, à compter de l'an 1816.

Nous avons l'honneur d'observer à ceux qui voudront faire usage de notre procédé, que plus l'idée leur en paroîtra simple et facile à exécuter, plus ils devront y attacher de prix, puisqu'en fait d'usines qui doivent servir journellement et comme objets de fabrique, leur mérite consiste principalement dans la facilité de se les procurer avec le plus d'économie possible. Mais, sans vouloir nous faire beaucoup valoir sur le mérite de cette invention, nous nous permettrons d'observer que le prix des choses d'une utilité générale doit être donné à celui qui en a eu la première idée, et que, puisque, jusqu'à ce moment, personne, avant nous, n'avoit imaginé de pareils alambics, on auroit pu demeurer encore long-temps à les connoître, si nous ne les avions imaginés. Il nous sera donc très-agréable de les voir propager, par les demandes qui nous en seront faites ; mais comme il est très-juste que nous jouissions du droit que nous accorde notre privilége, nous prévenons qu'en vertu de la loi qui le protége, nous poursuivrons juridiquement tous ceux qui voudroient se soustraire au droit d'auteur qui nous est dû, pendant la durée dudit privilége ; et que néanmoins nous modifierons cette rétribution, autant que nous le permettront les dépenses que nous ont occasionné nos re-

cherches

cherches sur cette usine avantageuse, tant pour le Gouvernement, que pour les particuliers qui en feront usage. Nous établissons la preuve des avantages que le Gouvernement retirera de notre procédé de distillation à la pierre, sur ce qu'une grande partie du cuivre que l'on emploie en France, y arrive de l'étranger, tandis que le fer de fonte s'y trouve avec abondance.

On pourra prendre connoissance des avantages de la distillation à la pierre, dans les ateliers que nous avons déjà établis en ce genre, *savoir* : à Montauban, chez nous-mêmes ; à Tonneins, chez M. Laperche, aîné ; à Lauzun, chez M. Grillé ; à Agde, chez M. Bermont, de Vias ; à St.-Marcel, près Narbonne, chez M. Jaloux, cadet, *etc. etc.* Nous allons transcrire le certificat qui nous a été délivré à St.-Marcel, à la suite des expériences qui y ont été faites avec nos chaudières en fer de fonte et en pierre.

» Nous soussignés, Charles de Lattenay de Lissac, Maire de la commune de St.-Marcel ; Fabre de Blauzac, Maire de la commune d'Argelliés, Chevalier de l'Ordre royal et militaire de Saint Louis, Négociant et Fabricant d'eau-de-vie, et Jaloux, cadet, Fabricant d'eau-de-vie de la commune de St.-Marcel, département de l'Aude , ayant été invités par le sieur Joseph Fabre, Fabricant d'eau-de-vie , à la commune de Montauban , et breveté de S. M. Louis XVIII, pour un nouveau procédé de distillation , à la pierre , d'assister aux expériences que ledit Joseph Fabre devoit faire , chez M. Jaloux , cadet, avec deux chaudières en fer de fonte et en pierre, de son invention , à l'effet d'en constater les résultats.

» Nous nous sommes transportés, le 29 du présent mois de juillet 1817 , dans une des fabriques de M. Jaloux , cadet, de St.-Marcel , où nous avons suivi la distillation de deux chaudières en fer de fonte et en pierre , que le sieur Fabre venoit d'y établir , lesquelles nous ont offert des avantages très-satisfaisans pour cette branche essentielle du commerce français. Ces avantages consistent principalement dans une construction très-agréable et qui offre beaucoup de facilité pour la main d'œuvre , surtout dans la fabrication des marcs de raisin ; nous nous sommes convaincus qu'il y avoit une grande économie dans l'emploi du combustible, beaucoup de célérité dans l'opération, une bonification sensible dans la qualité des produits , puisque les chaudières ayant été chargées avec du vin rouge décidément piqué et échaudé, l'eau-de-vie qui en a été le produit s'est trouvée bonne et propre à être livrée au commerce. L'augmentation dans les produits a surtout excité notre admiration , attendu qu'ils ont été plus considérables au moins de quinze pour cent que ceux que nous avons pu obtenir cette année, avec d'autres chaudières et des vins pareils à ceux que M. Fabre a employés ; et M. Jaloux , cadet , nous a assuré en avoir acquis la preuve matérielle , en faisant distiller à ses autres appareils même qualité de vin que celui qu'il a livré à M. Joseph Fabre.

» Les essais dont nous avons été les témoins ont été faits en eau-de-vie à la preuve d'Hollande; Nous certifions donc à qui il appartiendra que la découverte des sieurs Joseph Fabre et Prosper Fabre, nous a paru mériter les plus grands éloges, par les avantages qu'on en pourra retirer ; en foi de quoi, nous lui avons délivré le présent certificat ».

St.-Marcel, le 29 juillet 1817.

Le Maire de St.-Marcel, LATTENAY LISSAC , FABRE BLAUZAC et Cie ; JALOUX, cadet, signés.

Vu par nous, Sous-Préfet de l'arrondissement de Narbonne , département de l'Aude , pour légalisation da la signature , *Lattenay Lissac* , Maire de Saint-Marcel.

Narbonne , le 6 août 1817.

Un des avantages de notre procédé qui pourra le plus étonner ceux qui auront connoissance du résultat de nos expériences, sera, sans doute, une augmentation dans les produits, comparativement à celui des autres appareils. Nous attribuons cet avantage à plusieurs causes dont les principales sont : la forme de nos appareils, qui, présentant une grande surface aux vapeurs alcoholiques, leur donnent beaucoup de facilité pour se condenser rapidement ; de plus , la concentration de la chaleur étant très-forte dans l'intérieur de nos alambics, il n'y a pas de déperdition comme il doit y en avoir à travers les pores du cuivre , etc. , etc.

La bonification de la qualité de nos eaux-de-vie dépend, non seulement des matières salubres que nous employons, telles que le fer de fonte, la pierre , etc. ; mais encore de la combinaison que nous avons établie entre le temps que les vapeurs doivent rester à l'état de gaz avant de se former en liquide : cette combinaison, due à une longue expérience, est très-essentielle, puisque, d'après les recherches et l'assertion des meilleurs chimistes , si les objets soumis à la distillation subissent une trop forte *coction* , ils perdent une grande partie de l'arome qu'on exige qu'ils communiquent aux eaux-de-vie, et qui fait le mérite de celles de l'Armagnac , de St.-Onge, etc.; et si , par contre , l'évaporation des objets soumis à la distillation est très-prompte, comme cela arrive dans les appareils dits *de continue*, les esprits alcoholiques, qui en sont le produit, n'ayant pas eu le temps de se charger de l'arome qui existoit dans les objets soumis à la distillation, n'ont qu'un goût fétide , sans avoir aucune des qualités qui caractérisent les bonnes eaux-de-vie.

FIN.